Chapitre Un : Tes Pensées

Le 19 avril 2019, j'ai pris des mesures pour démissionner de mon travail quotidien. Après six ans dans cette course de rats, j'ai finalement rompu le cycle de l'emploi. Non seulement je l'ai cassé dans ma vie, mais aussi pour la génération suivante. Je ne l'ai pas fais seulement pour moi, mais également pour les générations futur. Mes pensées pendant ces quelques années étaient de savoir comment je pourrais construire mon empire. Je suis reconnaissant pour ce que j'ai. Je transformerai mon revenu annuel en mon revenu horaire. Vos pensées sont puissantes et vous êtes ce à quoi vous pensez. Mon objectif et mon énergie étaient de savoir comment créer plusieurs sources de revenus passifs lorsque j'avais cet emploi 9-5. J'essayais également de comprendre comment je pourrais apporter plus de valeur au marché. Je n'ai pas laissé mon travail de jour tuer mon rêve. Par exemple, pendant que j'y étais, j'utilise mon temps à bon escient et j'ai écrit deux livres.

Pensez toujours grand et ne soyez jamais satisfait. Vous devriez dire merci Dieu Tout-Puissant chaque fois que vous atteignez un objectif et en définissez un autre. L'Univers ne vous dira jamais non, et il vous donnera toujours tout ce que vous voulez. Le 5 avril 2019 à 10 heures, le superviseur du site est venu pour un contrôle de poste. Après nous être salués, je me suis approché de son oreille et lui ai dit que je voulais lui donner mon préavis de deux semaines. Elle a dit, « tu as blesse mes sentiments.» Nous sommes sortis ensemble parce que je ne voulais pas que tout le monde sache. N'oubliez pas qu'il y a trois choses que vous êtes censé garder secrètes : Vos revenus, votre relation et votre prochain déménagement.

Quand nous étions dehors, je suis allé à ma voiture chercher ma lettre de démission. Je suis allé dans le parking et j'ai attrapé la lettre et quand je suis revenu, elle était assise dans sa voiture. Je lui ai donné la lettre et elle m'a demandé quel était mon dernier jour. Je lui ai dit le 19 avril. Elle secoua la tête et dit je leur manquerais et que j'étais leur meilleur employé. Ma réponse a été que vous me manquerez aussi, mais il est bon pour moi de sauter et de et de me concentrer sur mon entreprise. Puis elle m'a demandé si je pouvais former l'employé qui allait reprendre mon poste. Je lui ai dit que je serais heureux de le faire. Elle a dit que le nouvel employé doit parler une langue différente comme vous. Je lui ai dit de ne pas filer et qu'elle trouverait quelqu'un. Je lui ai ensuite donné ma carte de visite et lui ai souhaité le meilleur.

Chapitre Deux : Crois Avant De Le Voir.

Il y a quelques mois, je visualisais ces moments précis chaque fois que j'étais assis à ce bureau sur mon travail. Chaque matin, mon fils Sam m'appelait avant d'aller à l'école. Il me saluait et me demandait ou j'étais. Je dirais que j'étais au Ministère des Services Sociaux (DSS en Anglais). Il disait alors que je dois arrêter et poursuivre mon rêve. Je lui dis toujours que je t'envoie à l'école pour être propriétaire et non salarie. Il ne travaillera jamais pour personne. Je le pense vraiment quand je le dis. Je m'assurerai que la prochaine génération ne fonctionnera jamais pour personne. Mes enfants et mes petits-enfants créeront des emplois et offriront un service de qualité. Ils auront également plus de valeur sur le marché. Je crois que leur objectif est d'être génial. Mon fils Sam utilisait mes propres mots contre moi. Il m'a rapproché de mon objectif et à cause de lui j'ai rompu ce cycle d'emploi. Maintenant, je suis heureux d'utiliser ma passion et j'ai de multiples sources de revenus passifs. J'avais l'habitude de rêver à ce bureau. Je me voyais marcher dans le parking et avoir une flotte de bus avec le logo de mon entreprise dessus. Je serre la main de mes employés en leur donnant également les clés des bus et tout le monde m'a applaudi et me félicitait.

Dans ma visualisation, ma femme et mon fils sont à côté de moi. Cet évènement s'est produit à l'intérieur de notre propriété. J'avais l'habitude de voir un immense bâtiment avec notre logo sur le dessus de RSN Entreprises et un Aigle. Devine quoi ? Maintenant, nous possédons des bus et mon imagination est devenue une réalité. Ce que votre Esprit croit et concentre, votre Esprit peut y parvenir. Einstein disait « votre imagination est plus puissante que la connaissance. Par ce que votre imagination est un aperçu de votre vie à venir. » Lorsque vous changez votre façon de voir les choses, les choses que vous regardez changeront. Par exemple : Pour le pessimiste, le verre est à moitié vide et pour l'optimiste, le verre est à moitié plein. Lorsque j'ai changé mes habitudes de travail, ma vie a changé. Vous n'êtes pas payé à temps. Vous êtes payé pour la valeur que vous apportez au marché.

Chapitre Trois : Passer à L'action.

La foi sans action est morte. Soyez toujours prêt à agir indépendamment de ce que les gens autour de vous disent. Lorsque vous avez une idée, agissez rapidement pour la concrétiser. Si vous ne le faites pas, cette idée ira a' quelqu'un d'autre qui agira et la fera vivre. Puis un jour, vous irez quelque part et verrez vos idées affichées dans un magasin. Peut-être avez-vous tergiversé ou écoutée des personnes avec une attitude mentale négative (AMN). Ne partagez jamais vos principaux objectifs avec des personnes négatives ou moyennes, elles vous attireront la négativité si vous le permettez.

Eloignez-vous des gens qui sont négatifs parce que le genre attire le semblable. En 2017, j'ai commencé à utiliser mon imagination pour créer des inventions et écrire des livres. J'ai refusé de tergiverser. Croyez- moi, ce n'était pas facile. Chaque fois que vous essayez d'atteindre un autre niveau ou d'élever votre niveau, l'ennemi utilisera des obstacles pour vous garder coince la ou vous êtes. Dieu ne vous laissera jamais tomber. Cette bataille n'est pas la vôtre, elle est pour Dieu Tout-Puissant. Dieu est notre Créateur et nous sommes sa création. Il combattra pour vous et vous gagnerez cette bataille. Ne restez pas simplement assis parce que vous savez que Dieu vous soutient. Vous devez agir et faire votre part et Dieu fera le reste. Assurez-vous simplement d'agir !

Chapitre Quatre : Victime De Leur Croyance.

Votre imagination combinée à votre croyance sont deux outils puissants pour réussir. Qui peuvent concrétiser votre idée. Les gens sont victimes de leur croyance. Par exemple, dans la jungle chaque matin, un lion et une gazelle se réveillent. Ils commencent tous les deux à courir mais la gazelle doit courir plus vite que le lion. Si la gazelle ne dépasse pas le lion, elle sera mangée. Même l'éléphant qui est grand et fort est victime de sa croyance. L'éléphant croit que c'est un déjeuner pour le lion, mais l'état d'esprit du lion fait de lui le roi de la jungle. Tout comme ces animaux, certaines personnes sont victimes de leurs propres croyances. Ils ont probablement grandi autour de perdants ou de personnes qui ont une attitude mentale négative (AMN). Ce que vous pensez développez. Si vos pensées sont négatives, vous recevrez de la négativité tout autour. Certaines personnes pensent qu'être entrepreneur est trop difficile et elles finissent par être employées jusqu'à leur mort. Ils travailleront pour le rêve de quelqu'un d'autre. Warren Buffet a déclaré, « si l'argent ne fonctionne pas pour vous pendant que vous dormez, vous travaillerez jusqu'à votre mort.» Je sais que certaines personnes sont irritées lorsque je leur conseille d'ouvrir leur propre entreprise. Ils pensent qu'ils sont nés pour échanger leur temps contre de l'argent, ce que vous ne devriez jamais faire.

Chapitre Cinq : Etat D'Esprit Du Gagnant

Un gagnant ne quitte jamais, et un lâcheur ne gagne jamais. Lorsque nous avons décidé d'ouvrir notre société aux Etats-Unis, nous avons dû surmonter de nombreux obstacles pour réussir. En commençant par le type de bus que nous voulons pour l'entreprise. Le premier concessionnaire auquel nous sommes allés était gentil avec nous, mais son prix était un peu trop élevé. Ma femme et moi avons décidé de faire le tour. Quelques jours plus tard, nous avons vu un joli bus en ligne. Nous avons décidé d'appeler le concessionnaire pour prendre rendez-vous et le concessionnaire était prêt 'a nous voir le plus tôt possible. Le samedi suivant, nous avons roulé plus d'une heure pour y arriver. Quand nous sommes arrivés, nous sommes restes à l'intérieur de la voiture. Pendant au moins quinze minutes dans le parking. Personne ne nous approche, pour nous demander si nous avions besoin d'aide.

Nous avons décidé de marcher à l'intérieur du terrain et de nous faire un tour. Nous avons vu plus tard le bus que nous recherchions. Nous avons constaté que le bus roulait lorsque nous nous sommes rapprochés. Un monsieur est venu nous demander si nous étions le couple qui voulait voir le bus. Nous lui avons dit oui et demandé si nous pouvions regarder l'intérieur du bus. Ma femme est entrée la première et j'ai pu voir son langage corporel et ses vibrations changer. Quand je suis rentre, j'ai remarqué qu'au moins trois ou quatre chaises étaient cassées et que le siège du conducteur tremblait. Il y avait quelques pièces sur le sol et le moteur tournait mal. Souvenez-vous que vos impressions et vos sentiments ne mentent jamais. Ma femme m'a dit qu'elle n'aimait pas ça et tout ce que j'ai répondu était que nous pouvions y remédier, mais elle n'était pas disposée à changer d'avis.

Nous avons approche ce monsieur et lui avons demande s'il avait plus d'autobus à nous faire voir. Il nous a dit qu'il avait une flotte de bus a un ou deux miles(km) de là à une autre destination. Nous sommes alles là-bas et nous avons vu beaucoup des mêmes bus. J'ai dit à ma femme que c'était le signe que nous étions sur la bonne voie. Ma visualisation m'a toujours montré une flotte de bus avec le logo de notre entreprise stationne dans notre garage. Ma femme a dit regardons à l'intérieur. Le concessionnaire nous a dit que personne n'était à cet endroit parce que c'est le week-end, mais les portes devraient être ouvertes. Il n'avait pas les clés pour démarrer les bus. Ma femme et moi l'avons suivi et il a ouvert la portière du conducteur.

Nous avons grimpe sur le siège du conducteur pour entrer. Presque tous ces bus ont été endommages a l'intérieur sauf un ou deux. Presque tous ces bus n'ont pas passé l'inspection de l'Etat. Après notre départ, je lui ai dit que j'étais prêt à acheter tous les bus à condition qu'ils soient inspectés. Il a été honnête m'a dit qu'il ne savait pas s'ils avaient été inspectés par l'Etat et que nous aurions besoin de dépenser de l'argent pour les réparer. Je remercie ma femme, qui est également mon partenaire commercial, de m'avoir dit non. Elle a dit que nous avions besoin de bus propres et de qualité pour le confort de nos clients. Un soir, j'étais à la maison vers 19h30 et j'ai décidé d'aller sur Google et de chercher des bus. J'en ai trouvé plusieurs mais j'ai seulement attiré mon attention. L'un d'eux était un autocar qui avait une très belle salle de bain, des écrans de télévision et des options complètes, mais il avait plus de 200 000 miles. Le jour suivant, j'ai réessayé la recherche et j'en ai trouvé un joli avec un faible kilométrage et qui avait l'air tout neuf avec un seule propriétaire.

Chapitre Six : N'Abandonnez Jamais

Nous avons appelé le concessionnaire et nous avons pris rendez-vous. Le concessionnaire nous a rapidement contactes à notre arrivée et a commencé à travailler avec nous. Nous avons acheté le véhicule le même jour sans même le voir physiquement. Nous n'avons vu qu'une photo du véhicule en ligne. Un des gérants nous a dit que le véhicule serait là dans une ou deux heures. Il était environ 19h 50 ou 20 h 00. L'un des vendeurs est venu avec le superviseur du site et a dit qu'il était trop tard pour que le conducteur amené la voiture a cet endroit a cause du trafic. Ils nous ont dit que nous pouvions re venir le lendemain ou qu'ils pouvaient livrer le véhicule chez nous. Nous avons été un peu déçus et nous avons décidé de revenir le lendemain. Ils nous ont appelés le lendemain pour venir chercher le véhicule. Quand nous sommes arrivés, le vendeur nous a donne les clés et mis l'étiquette temporaire sur le véhicule. La veille, nous avons appelé notre compagnie d'assurance pour nous assurer que le véhicule était suffisamment couvert. Nous avons dit à l'entreprise que nous voulions payer mensuellement, mais ils nous ont factures pour toute l'année.

Nous avons demandé deux fois le forfait mensuel et ils nous ont assuré que c'était la façon dont le paiement était mis en place. Nous ne pouvions pas quitter le concessionnaire avant que les bons papiers d'assurance aient été envoyés par courriel au concessionnaire automobile. Nous y sommes restés des heures pour résoudre ce problème. L'assureur a dit que nous avions deux options. La première était d'annuler la police et d'attendre quatre à cinq semaines pour recevoir le remboursement par chèque. La deuxième option était de créer une nouvelle police et de la payer le jour même. La police d'un an qu'elle nous a fait signer était de quelques milliers de dollars ! L'ennemi essaiera toujours de vous arrêter chaque fois que vous essayez d'accomplir quelque chose de grand dans votre vie.

Ma femme et moi avons forme nos esprits a' ces types de situations et comment y répondre. Nous sommes restés calmes et médités et avons libéré la dame d'assurance avec le plus grand amour. Nous abandonnons toutes les pensées négatives que nous avions. Ils étaient libres de nous et nous étions libres d'eux. N'oubliez pas que vous ne pouvez pas changer la façon dont les gens vous traitent, mais vous pouvez changer la façon dont vous répondez. Nous sommes restes à l'intérieur du nouveau véhicule pendant six heures. Jusqu'à ce que nous demandions a' la dame d'assurance si nous pouvions parler avec son superviseur. L'atmosphère a commencé à changer lorsque son superviseur a commencé à nous parler. On lui a dit qu'on venait d'acheter un véhicule utilitaire et qu'on nous a facture plusieurs milliers de dollars. Pour une politique commerciale. Elle a partiellement résolu le problème et nous avons dû. Les payer pour démarrer une nouvelle politique et annuler la politique. Que nous avions créé la veille. C'était si facile pour eux de retirer l'argent de notre compte, mais difficile pour eux de le remettre. Jim Rohn a dit un jour, « si vous faites ce qui est facile, votre vie sera difficile, mais si vous faites ce qui est difficile votre vie sera facile. » Nous avons finalement quitté le concessionnaire, vers 20h00 avec notre nouveau véhicule de société. L'étape suivante consistait à demander le numéro DOT. Nous avons demande le numéro inter-Etats en ligne et l'avons reçu le même jour. Nous devions ensuite demander le numéro WMATC. Mais nous devions avoir tous les documents avant de soumettre la demande. Vous devez avoir une inscription a la location et non une inscription temporaire. Avant de pouvoir prendre rendez-vous. Pour l'inspection du véhicule.

Vous devez payer et attendre quatre à sept semaines avant de vous envoyer une lettre. Vous informant que vous avez obtenu un numéro WMATC. Il leur faut deux semaines pour vous envoyer une réponse par courrier électronique. Vous informant qu'ils ont reçu votre candidature. Imaginez si vous avez un état d'esprit moyen. Vous abandonneriez probablement, parce qu'ils veulent essaient de compliquer les choses. Pour que les gens deviennent propriétaires. Tous les documents que vous soumettez en ligne doivent être au format PDF. Ils rejetteront les documents s'ils ne sont pas formatés correctement. Le concessionnaire nous a appelés presque tous les jours, pendant deux mois. Nous demander de lui envoyer différents types de documents. C'était juste l'ennemi qui faisait de son mieux pour nous arrêter. Dieu a le dernier mot. Ce que votre esprit croit, votre esprit peut le réaliser.

Chapitre Sept : Iceberg

Le succès est comme la pointe de l'iceberg que tout le monde peut voir. Les gens ne peuvent pas voir la partie qui est profondément dans l'eau. Ils ne savent pas comment vous êtes arrivé là où vous êtes. Personne ne voit l'échec, les obstacles, les rejets, les larmes, la douleur, la rupture ou les blessures. Vous devez rester concentre sur ou vous voulez aller et non sur ce que vous craignez. Zig Ziglar a déclaré : » La peur n'est qu'une fausse preuve qui semble être réelle. » Mon parcours pour devenir entrepreneur n'a pas été facile. Je savais une chose avec certitude, rien n'est impossible pour un enfant de Dieu. Dieu nous donne la force d'accomplir tout ce que nous voulons. Il ne vous donnera jamais une tache si vous ne pouvez pas la résoudre. Il est l'Alpha et l'Omega, le début et la fin. Il a déjà une solution a tous vos problèmes. Tout est dans votre vortex et votre cortex.

Chapitre Huit : Gestion Du Temps

Votre temps est une monnaie. La façon dont vous utilisez votre temps détermine votre journée et votre vie. Le mendiant et le riche ont tous les deux vingt-quatre heures par jour. Les riches utilisent leur temps pour résoudre les problèmes et fournir un service. Pour leurs clients et apporter plus de valeur au marché. Le mendiant utilise son temps pour demander de l'aide. Ils doivent réaliser leur talent donne par Dieu et utiliser leurs dons uniques pour apporter plus de valeur sur le marché. Donner constamment de l'argent a un mendiant ne l'aidera pas. Vous le rendrez plus paresseux surtout s'il n'est pas handicapé. Si vous voulez vraiment l'aider, vous devriez lui apprendre à pécher. Comme le dit le proverbe, « si vous donnez un poisson a un homme, il le mangera pendant un jour, mais si vous lui apprenez a' pécher, il mangera toute sa vie. » Jim Rohn et Zig Ziglar disaient tous les deux : » Lorsque vous donnez aux gens ce qu'ils veulent, vous aurez tout ce que vous voulez. »

La vie ne vous donnera jamais ce que vous voulez mais ce que vous méritez. Andrew Carnegie a dit un jour, « il Ya trois façons d'utiliser votre temps : dormir, travailler et se divertir. » Cet homme était le mentor de Napoléon Hill qui a écrit Think And Grow Rich. C'était aussi l'homme le plus riche du monde. Vous devriez toujours apprendre des meilleurs. Andrew Carnegie était une personne philanthropique. Il a donne sa fortune a des œuvres caritatives et a construit des bibliothèques dans le monde entier avant de mourir.

Chapitre Neuf : Les Ondes Cérébrales

Nous sommes des êtres Spirituels vivant dans un corps Humain. En 1924, la première onde cérébrale a été découverte par M. Hans Berger, qui était psychiatre Allemand et il a nommé Alpha. Nous avons cinq ondes cérébrales qui contrôlent notre cerveau. Le premier est Delta qui signifie sommeil profond. Le second est Thêta qui signifie profondément détendu. Le troisième est Alpha qui signifie relaxation(méditation). Le quatrième est Beta qui signifie concentration et alerte. Le cinquième est Gamma qui signifie haute performance. Lorsque vous avez entre un et six ans, vos ondes cérébrales se situent entre Delta, Thêta et Alpha. A ce moment, un enfant peut apprendre facilement trois langues différentes et il peut également apprendre mille nouveaux mots. L'adulte moyen apprend environ cinq nouveaux mots par an. Tout est détermine entre ces âges comme leur Subconscient enregistrant tout et y croyant. Par exemple, vous devriez dire à votre enfant qu'il est formidable et qu'il peut tout accomplir.

Il croira tout ce que vous dites, et son Subconscient ira au travail. Pour faire de cette pensée une réalité. Si vous dites des mots négatifs a votre enfant, il croira également. Par exemple, votre enfant peut accidentellement renverser quelque chose et vous criez dessus. La prochaine fois, il aura peur de faire la même chose car son Subconscient se souvient de tout. Vous ne devriez jamais crier après votre enfant. Mais avoir de la compassion et une compréhension profonde de son action. Un autre exemple serait si vous voyez votre enfant travailler sur un projet scolaire. Vous pouvez commencer à lui crier dessus parce que qu'il n'est pas concentré. Vous ne devriez pas lui faire peur en faisant les choses différemment. Vous devriez le soutenir en lui disant cela. Vous êtes si fier de lui et de ses progrès. Montrez-lui qu'il avait de la grandeur en lui. Il deviendra confiant, concentré et vous changerez sa vibration (le secret est de le complimenter).

Ne critiquez jamais quelqu'un qui fait des progrès. Parce que même le petit progrès est quelque chose. La prochaine fois, il sera plus créatif et utilisera son vortex et son cortex pour résoudre des tâches. Lorsqu'un enfant atteint l'âge de 6 à 7 ans, il n'est plus créatif car il est victime de la croyance de ces parents ou de son entourage. Ces gens peuvent lui dire, qu'il ne peut rien accomplir, il est comme son père ou sa mère, il n'est personne. Vos mots sont puissants alors utilisez-les a bon escient et tout ce à quoi vous pensez se développera. Vos enfants apprécieront ce que vous appréciez et seront attentifs au type de semences que vous y mettez. Chaque graine a une plante et chaque plante a une graine pour maintenir l'avenir. Vous élevez le père ou la mère de quelqu'un d'autre. Quand votre enfant avait cinq ans, il vous disait qu'il voulait être entrepreneur ou inventeur. Il avait beaucoup d'inventions, de créativité et son onde cérébrale était à Beta et Gamma. Il a maintenant douze ans et son onde cérébrale est à Delta. Cela signifie que la créativité et passion sont endormies à cause de ses pensées négatives qui l'entourent. J'ai une excellent nouvelle pour vous. Votre enfant peut toujours atteindre ses ondes cérébrales Beta et Gamma s'il change d'avis (ses pensées). En 1774, un chimiste Français du nom d'Antoine-Laurent De Lavoisier dit un jour, « rien ne se perd, rien ne se crée, tout se transforme ». Cela signifie que votre enfant peut encore être transforme s'il découvre son but ou pourquoi.

Chapitre Dix : Reprogrammez Votre Esprit

Vous pouvez reprogrammer votre Esprit en utilisant ces techniques simples. En trouvant un endroit calme, installez-vous confortablement fermez les yeux. Comptez à rebours 5,4,3,2,1. Cela vous amènera sur l'onde cérébrale Alpha. Ensuite utilisez votre visualisation. Cela activera votre système réticulaire. Ensuite, vous devez vous imaginer avoir ce que vous voulez ou désirez pour atteindre vos objectifs. Visualisez le sentiment que vous ressentez lorsque vous atteignez vos objectifs. Vous pouvez le faire tous les matins et les soirs 30 minutes avant de dormir. Pendant seulement trente secondes. C'est ce qu'on appelle truquer jusqu'à ce que vous y arriviez. Au début, vous aurez une certaine résistance. Continuez et répétez la méditation pendant vingt et un jours. Jusqu'à ce que votre Subconscient l'enregistre. La répétition est la Loi mère de l'apprentissage.

Votre visualisation peut vous aider à construire des. Thomas Edison avait l'habitude de s'asseoir sur une chaise les yeux fermes tout en tenant une boule de métal. Alors qu'il dérivait dans un sommeil d'ondes cérébrales Delta, il déposait la balle dans un seau en métal. Le bruit si la balle tombait dans le seau le réveillait et le mettait dans l'onde cérébrale Beta. Beta signifie être alerte et concentré. Chaque fois qu'il faisait cela, il proposait de nouvelles idées. Cela signifie que vous pouvez également reprogrammer votre Esprit pendant que vous êtes a' Delta (sommeil). Pendant que vous dormez, votre Esprit conscient s'endort. Votre Subconscient peut prendre le relais et travailler pour vous. Pendant que vous dormez, pour vous aider à découvrir de nouvelles idées.

Chapitre Onze : Le Pouvoir De Votre Subconscient Pendant Que Vous Dormez

Votre Esprit Subconscient fonction 24/7. Programmez votre Subconscient pour qu'il travaille pour vous. Pendant que vous dormez. Vous pouvez activer une vidéo d'affirmation ou un livre audio. Qui parle de ce que vous voulez manifester dans votre vie. La meilleure façon est de dormir avec vos écouteurs allumes. Pendant que vous écoutez votre suggestion automatique ou vos affirmations pré-enregistrées. Avant d'aller a Delta, dites-vous : «

quand je me réveillerai le matin, j'aurai tout ce que je

veux ». Vous pouvez aussi dire : « Je commande a mon

Subconscient de m'apporter………. (énoncez ce que vous

voulez). Ne dites pas besoin, car cela vous semblera

désespéré. Croyez que votre demande sera répondue.

Quand vous vous réveillez le matin. Soyez reconnaissant à

Dieu qui vous a accorde ce privilège. Fermez les yeux et

visualisez-vous avoir ce que votre cœur désire. Imaginez

que vos employés ou membres de votre famille soient

heureux de votre succès. Visualisez votre compte bancaire

rempli de milliards et de milliards de dollars. Ouvrez vos

yeux et laissez l'Univers travailler sur votre demande. La

foi sans action est morte. Vous devez agir comme la

personne que vous voulez devenir. Parlez a l'existence et

entourez-vous des gens.

Qui font ce que vous aspirez faire. Vous pouvez vous rendre aux endroits ou ils ont ce que vous voulez et utiliser votre visualisation. Voyez-vous avoir ces choses. Par exemple, si vous voulez devenir milliardaire, fréquentez ces clubs milliardaires, même si vous vous asseyez simplement au bar. Et commandez une tasse de café. Agissez comme eux, vous changerez de paradigme en faisant cela. Si vous fréquentez neuf personnes fauchées, tôt ou tard vous deviendrez le dixième. Et si vous fréquentez neuf personnes riches tôt ou tard, vous deviendrez le dixième. C'est la Loi de l'attraction, comme attirer comme. La vie est énergie.

Chapitre Douze : Protège Ton Cerveau

Lorsque vous vous couchez, veuillez ne pas mettre votre téléphone sous votre oreille. Quatre-vingt dix pour cent des enfants dorment avec leur téléphone portable sous l'oreiller. Ce n'est pas bon pour leur cerveau. Voici quelques-uns des pires aliments pour la sante de votre cerveau. Les pains et pates raffines ont été dépouillés de leurs nutriments, il n'y a donc pas de fibres pour ralentir leur digestion. Au lieu de cela, ces glucides transformés se précipitent dans votre système et augmentent votre sucre. La viande rouge, les huiles végétales, le fromage, le sucre raffine sont quelques autres aliments qui ne sont pas bons pour la sante de votre cerveau. Tous les glucides ne sont pas mauvais ! En fait, les glucides entiers sont excellents pour vous. Les pains de grains entiers, le riz et les pates ont toujours leur fibre intacte.

Cela signifie qu'ils sont digérés plus lentement. Votre glycémie est mieux et vous régulée et vous disposez donc d'un flux d'énergie constant pour vous permettre de vous concentrer. La contribution alimentaire la plus importante à la maladie d'Alzheimer semble être la consommation de viande, les œufs et les produits laitiers riches en matières grasses. Les graisses saturées obstruent le système cardiovasculaire et les vaisseaux sanguins de notre cerveau s'obstruent également. Au lieu de cela, vous pouvez sauter le bœuf et faire des haricots au centre si votre assiette est une excellente source de protéines ! Les haricots regorgent de vitamines B et de magnésium stimulant le cerveau.

Les huiles végétales sont riches en Omega-6, un acide gras inflammatoire. La consommation d'huile végétale, en particulier canola, augmente le risque de maladie d'Alzheimer. L'inflammation cérébrale chronique est également liée à la dépression et a d'autres problèmes cognitifs. Lorsque notre cerveau est enflammé, la production d'énergie diminue. La mise a feu des neurones est ralentie et nous sommes souvent épuisés mentalement. Vous pouvez trouver des noix de Grenoble par la façon ma femme et moi les mangeons régulièrement, ce qui peut aider à l'épuisement mental. Les noix sont pleines d'acides gras protecteurs Omega-3. Les carences en Omega peuvent perturber notre capacite à apprendre et à conserver des souvenir(hippocampe). En fait, des études ont montre que les patients atteints de démence ont de faibles taux d'Omega-3. La pizza et le fromage sont les plus grandes sources de graisses de saturation dans l'alimentation Américaine. Comme je l'ai mentionné avec la viande, la graisse de saturation obstrue nos vaisseaux cérébraux, tout comme elle obstrue nos vaisseaux cardiaques. Des graisses saturées plus élevées sont également liées à une inflammation du cerveau. Cela contribue 'a un risque accru d'accident vasculaire cérébral et de trouble de la mémoire. Si vous voulez éviter les maladies cardiaques et les inflammations cérébrales, mangez des avocats. Comme ma mère qui a plusieurs avocatiers au Gabon, c'était juste une anecdote.

 Comme alternative crémeuse et végétale au fromage. L'avocat contient beaucoup de potassium, ce qui peut améliorer la tension artérielle et réduire le risque d'accident vasculaire cérébral. Ils sont également une excellente source de folate. La carence en folates est également associée à la maladie d'Alzheimer. Les Américains consomment beaucoup trop de sucre ajoute. Des études montrent qu'une personne moyenne mange près de 66 livres de sucre raffine par an. Pourquoi est-ce un problème ? Trop de sucre provoque une inflammation du cerveau.

Tout comme ces glucides règnes, le sucre peut augmenter votre glycémie, ce qui laisse votre corps et voter cerveau prives de niveaux de facteur neurotrope dérive du cerveau (BDNF). Le BDNF est crucial pour apprendre et créer de nouveaux souvenirs. Le sucre est très addictif. Les scintigraphies cérébrales révèlent que le sucre ajoute modifie la chimie de notre cerveau d'une manière qui ressemble beaucoup a notre cerveau en cas d'ingestion de cocaïne ou d'alcool. Une alternative au pourrait être des aliments entiers, en particulier les myrtilles, pour vous aider a réduire votre dent sucrée. Les baies mangées peuvent éviter la perte de mémoire a court terme en raison de leurs puissants antioxydants appelés anthocyanes. Donnez de la puissance a votre journée ave un smoothie aux bleuets !

Chapitre Treize : Tes Pensées Voyagent Plus Vite Que Ta Voix

Vous devez parler de ce que vous voulez et non de ce que vous ne voulez pas. Vos mots sont puissants et tout ce qui vous préoccupe s'étend. Toujours être positif. Certains disent des trucs comme, « Je ne vais pas trouver de parking, ou la circulation est horrible. » Ils s'étonnent quand ce qu'ils ont professés arrive. Vous devez remplacer ces pensées négatives par des pensées positives. Par exemple, vous devez dire : « Je trouverai une place de parking quand j'y arriverai. La place de parking m'attend. » Visualisez-vous garer voter voiture a l'endroit que vous voulez. Dieu vous donnera toujours ce que vous méritez. Il est Omniscient et Omniprésent.

Il sait exactement ce que vous voulez avant même de le dire. Dites toujours ce que vous voulez et soyez positif. Cela vous séparera des gens ordinaires. Qui passent leur temps a se plaindre et à blâmer les autres pour leurs problèmes. Dieu est le fabricant et nous sommes ses produits. Soyez très discipline sur ce que vous pensez. Parce que cela peut avoir un impact positif ou négatif sur votre vie. Demandez, croyez et recevez. Ces trois mots sont puissants. Vous avez juste besoin de demander a Dieu ou au Tao ou a Allah ce que vous voulez, croyez et vous pouvez recevoir.

Chapitre Quatorze : Construire Votre Personnage

Le 19 avril 2019, j'ai décidé de démissionner de mon travail quotidien. Pour me concentrer sur mon entreprise. Parce que votre énergie va toujours la ou vous vous concentrez. J'ai fait face a de nombreux obstacles dont vous ne pouvez même pas imaginer. Le domaine que nous choisissons dans ce voyage d'entrepreneuriat. Eu beaucoup de restrictions. Par exemple, nous ne savions pas que le véhicule de transport nécessitait une couverture d'assurance de1,5million de dollars à Washington. DC. Si votre véhicule est un véhicule de 15 passagers. Si votre véhicule compte plus de 15 passagers, vous devez avoir une couverture d'assurance de 5 millions de dollars. Lorsque nous l'avons appris, nous avons appelé la compagnie d'assurance.

Ils ont augmenté le paiement mensuel de 4 fois. Ensuite, le bureau de WMATC a demandé à la compagnie d'assurance de leur envoyer les documents qui le prouvaient. Nous avions la bonne couverture. Nous avons paye l'assurance et ils envoient ces documents au bureau de WMATC. Une fois l'assurance approuvée, vous devez vous présenter à l'inspection. Ensuite, quelqu'un de son bureau vous enverra un e-mail. Vous direz quand vous présenter pour l'inspection. Ce processus a pris des mois et n'oubliez pas que vous ne pouvez pas conduire votre véhicule. Vous devez toujours payer l'assurance et la note de voiture chaque mois. Vous devez être là à l'heure et au bon endroit pour votre inspection. Ils ne vous donnent pas d'adresse, ils ne vous donnent que deux noms de rue à cette intersection. Vous êtes responsable de trouver l'emplacement exact. J'étais prévu pour le 3 Juin a 11h. j'étais là-bas à 10h 40 et j'ai appelé le monsieur.

Qui était en charge quand je suis arrivé. Quand je l'ai rappelé a 11h10, il n'a pas répondu au téléphone. Il m'a transféré à la réceptionniste. Elle a dit ; « M. C, était là-bas à 11h et il ne vous a pas vu, Vous devez reporter votre rendez-vous pour lundi prochain. » N'oubliez pas qu'il s'agit d'un véhicule commercial et que vous devez fournir un service pour être paye. J'ai décidé d'entrer dans l'officier pour leur demander s'ils pouvaient inspecter le véhicule. Aujourd'hui parce que j'étais ici depuis 10h40.

M.C a dit que je devais revenir lundi.

Parce que j'ai perdu son temps. J'ai essayé de lui expliquer ou j'étais et j'ai demandé, pourquoi il n'avait pas répondu à son téléphone. Il m'a dit qu'il n'était pas cense me chercher. Il a dit que je devais être à l'endroit qu'il m'a dit. Je l'ai remercié et j'ai quitté son bureau. J'ai pris une photo du véhicule et je lui ai envoyé. Pour m'assurer que je ne perds plus son temps. Il a répondu par e-mail en disant, « Je ne peux pas inspecter ce véhicule car vous n'avez pas les décalcomanies permanentes. Et le nom le logo de l'entreprise doivent être affiches de manière permanente. » C'était un vendre après-midi. J'ai essayé d'atteindre plusieurs entreprises pour mettre l'autocollant permanent, mais malheureusement. Personne n'était dispose à faire le travail pendant la semaine. La plupart d'entre eux étaient prêts à me facturer beaucoup d'argent. Parce que je voulais que le travail soit fait tout de suite.

Je ne prends jamais non pour réponse et j'ai essayé jusqu'à ce que j'en trouve une entreprise qui se trouve à une heure et demie de chez nous. Je suis allé là-bas rapidement. J'ai envoyé une photo a M. C après que les lettres aient été installées sur le véhicule. M. C a dit que les décalcomanies étaient acceptables. Je suis allé pour l'inspection lundi et j'ai réussi. J'ai dit tout cela pour dire, n'abandonnez jamais ! Lorsque vous êtes proche de votre objectif, les obstacles viendront de partout. C'est un signe que vous êtes sur la bonne voie. Tout ce qui est facile s'en va tout aussi facilement. Zig Ziglar a dit une fois, « si vous faites ce qui est facile votre vie sera difficile, mais si vous faites ce qui est difficile votre vie sera facile. » La peur est le problème et l'amour est la solution. Nous devons aimer le processus qui construit notre caractère.

Merci !

Merci a ceux qui ont lu mes quatre premiers livres et en ont demande davantage. Vous m'avez donné le courage et la conviction que je pouvais vraiment faire cela.

Merci a ceux qui ont acheté mes livres et fait croitre nos ventes.

Merci a ceux qui ont recommandé mes livres à leurs amis et membres de leur famille et qui ont continué à faire passer les mots.

Merci a tous ceux qui m'ont envoyé des mots honnêtes et gentils. Cela signifie plus que vous ne pouvez imaginer.

Merci a tous ceux qui ont pris le temps de lire.

Merci à ma famille, ma femme, mes fils, mes frères, mes sœurs, mes neveux, mes nièces, mes cousins, mes beaux-frères, mes belles-sœurs, mes oncles, mes tantes, mes partenaires commerciaux et chacun d'entre vous qui m'avez soutenu depuis le premier jour. Vous m'avez inspiré a continuer d'avancer et à poursuivre mes rêves. Vous avez égayé mes jours sombres. Vous m'avez aidé à croire que rien n'est impossible et que je peux tout faire grâce à Dieu qui me fortifie. Vous êtes des gens formidables, je serai éternellement reconnaissant.

Printed in Great Britain
by Amazon

13013428R00027